D1725989

Prinzessinnen packen an!

Für meine Allie, und danke an Libby und Meredith,
dass sie Prinzessinnen sind – K. L.

Für Alison – S. H.

Kate Lum wuchs in Neuengland auf, studierte in Kanada und lebt heute mit ihrem Ehemann und ihren beiden Kindern in Toronto. Ihr erstes Kinderbuch, *Waas!*, wurde 1999 mit dem children's book award ausgezeichnet.

Sue Hellard hat bereits zahlreiche Kinderbücher illustriert und geschrieben, darunter *Baby Tiger* und *My Grandson is a Genius*. Sie lebt in London.

Die Originalausgabe erschien 2002 unter dem Titel *Princesses Are Not Quitters!* bei Bloomsbury Publishing Plc, London

Copyright © 2002, Kate Lum (Text) · Copyright © 2002, Sue Hellard (Illustrationen)

Für die deutsche Ausgabe: © 2005, Berlin Verlag GmbH, Berlin / Bloomsbury Kinderbücher & Jugendbücher, Berlin

Alle Rechte vorbehalten · Gesetzt aus der Adobe Garamond · Druck & Bindung: South China Printing Co

Printed in China · ISBN 3-8270-5028-6

Prinzessinnnen packen an!

Von Kate Lum

Illustriert von Sue Hellard

Aus dem Englischen von Beatrice Howeg

Es waren einmal drei Prinzessinnen: Prinzessin Elly, Prinzessin Melly und Prinzessin Sally, die lebten auf Rosen gebettet in einem riesigen Silberpalast am Meer.

Eines Morgens saßen sie im Garten beim Frühstück, als Prinzessin Elly ihren Toast auf den Boden warf.
„Mir ist ja *sooo* langweilig", rief sie. „Prinzessin sein ist wirklich das Ödeste überhaupt."

In dem Moment kamen drei Mägde mit Milchkübeln aus der Palastmolkerei vorbei.

„Seht euch *die* mal an", seufzte Prinzessin Sally. „Die haben es *viel* lustiger!"

„Sind immer an der frischen Luft und machen tausend tolle Dinge", sagte Prinzessin Melly.

Prinzessin Elly sprang vom Stuhl auf und verschüttete ihren Tee.
„Ihr Mägde da! Kommt sofort hierher!", rief sie.
Die Mägde ließen die Milchkübel fallen und eilten herbei.

„Gebt uns eure Sachen", befahl Prinzessin Elly.
„Zieht stattdessen unsere Kleider an. Jetzt könnt ihr
mal den ganzen Tag im Garten rumsitzen!"

Die Mägde machten große Augen, aber
gehorchten. Sie zogen die Seidenkleider an,
und die Prinzessinnen schlüpften in ihre
Lumpen und rannten in die Küche.

„Frau Blau, passen Sie mal auf", sagte Elly zur Haushälterin.
„Wir Prinzessinnen werden heute Mägde sein.
Von jetzt bis Mitternacht wollen wir genau wie Mägde
behandelt werden."

„Oh, gnädige Fräulein, ja, Euer Hoheiten",
stammelte Frau Blau. „Aber ... halten
Sie das auch für eine gute Idee?"
„Keine Widerrede, Frau Blau", sagte Sally.
Und Frau Blau gehorchte.

„Gut", sagte sie. „Ihr Dienstmägde
seid viel zu spät. Die Arbeit hat
vor vier Stunden begonnen, und
ihr habt noch nichts getan."

„Wir sind bereit, Frau Blau!", riefen die Prinzessinnen.
„Na schön", sagte Frau Blau und gab ihnen eine Liste mit Aufgaben.

„Was für ein Spaß, Frau Blau!", riefen die Prinzessinnen und machten sich sogleich an die Arbeit.

Sie mussten die BÖDEN wischen und

die WÄNDE weißen und

die SPINNWEBEN von den DECKEN fegen und

die FENSTER putzen und

die TÖPFE schrubben und dann

in den GARTEN hinaus und …

… die WEGE kehren und das UNKRAUT jäten und

den SPRINGBRUNNEN säubern und

die HÜHNER füttern und

die KOHLKÖPFE für das

MITTAGESSEN ernten und …

… die HUNDE waschen und die KATZEN bürsten.

Sehr bald hatte Prinzessin Melly einen wehen Rücken, und Prinzessin Elly
hatte wehe Hände, und Prinzessin Sally hatte wehe Füße. Aber niemand
sollte sagen, Prinzessinnen packen nicht an. Also arbeiteten sie weiter.

Die Arbeit fiel ihnen nicht sehr leicht. Doch schließlich waren sie mit
allem fertig und schlurften in die Küche zu Frau Blau.

„Alles … geschafft …, Frau Blau", keuchten sie. „Jetzt hätten wir gern unser … Mittagessen."

„MITTAGESSEN!", rief Frau Blau. „Mittagessen? Mittagessen gab es vor einer Stunde, und ihr seid schon spät dran mit eurer Nachmittagsarbeit."

„NACHMITTAGSarbeit?", stöhnten die Prinzessinnen.

„Aber natürlich", sagte Frau Blau und überreichte ihnen eine neue Liste mit Aufgaben.

Eine ganze Menge Arbeit, fanden die Prinzessinnen.
Aber niemand sollte sagen, Prinzessinnen packen nicht an.
Also trotteten sie hinaus und machten sich wieder ans Werk.

Sie mussten den RAHM buttern und die BUTTER seihen und in FÖRMCHEN drücken, und jedes kleine BUTTERSTÜCK musste mit einer KRONE versehen werden, damit es auch echte PALASTBUTTER war. Und dann …

… mussten sie den KÄSE machen und das OBST pflücken …

… und die FLURE fegen und das WASSER holen …

… und den BROTTEIG kneten
und die KAROTTEN schälen …

… und die SCHAFE scheren.

Die Arbeit fiel ihnen nicht sehr leicht. Und als sie es geschafft hatten
und sich zu Frau Blau ins Haus schleppten, war es bereits dunkel.

„ … Alles … geschafft …, Frau Blau …", schnauften sie. „Wir hätten jetzt … gerne … unser Abendessen."

„ABENDESSEN!", sagte Frau Blau. „Abendessen? Abendessen gab es vor zwei Stunden, und ihr habt nicht einmal mit den Vorbereitungen für morgen begonnen!"

„VORBEREITUNGEN FÜR MORGEN?", riefen die Prinzessinnen.
„Aber natürlich", sagte Frau Blau und versah sie mit noch mehr Aufgaben.

Die Prinzessinnen konnten vor Müdigkeit kaum aus den Augen sehen.
Aber niemand sollte sagen, Prinzessinnen packen nicht an. Also rafften sie
sich auf und schleppten sich hinaus und verrichteten die Arbeit, die ihnen
aufgetragen worden war.

Sie mussten die TÖPFE schrubben und …

… die SCHÜSSELN polieren und …

… das WASSER vor die Tür schütten und …

… die TASSEN abtrocknen und …

… das BROT backen und …

… das OBST für den FRÜHSTÜCKSKUCHEN schälen,

und DANN mussten sie die
KÜHE melken und ihnen frisches
HEU geben und …

… die EIER holen und

die HÜHNER füttern und

die HUNDE ausführen und …

… mit den KATZEN schmusen und

die FENSTER schließen und

die LICHTER löschen.

Als sie die Arbeit beendet hatten, war es Mitternacht, und Frau Blau lag
schon im Bett.

Die Prinzessinnen schleppten sich die silbernen Treppen hinauf und fielen erschöpft in die Federn.

Am nächsten Tag schliefen die Prinzessinnen bis in den Mittag hinein.

Dann badeten sie in Rosenwasser und humpelten hinunter zum Frühstück.

„Seht nur …, ich glaube, das Brot habe ich gebacken!", sagte Elly.

„Und ich habe das Obst für den Kuchen geschält!", sagte Sally.

„Ich habe die Krone auf das Stück Butter gesetzt, seht ihr?", sagte Melly.

Während sie beim Frühstück saßen, kamen die drei Mägde vorbei.

„Wie muss ihnen der Rücken wehtun", sagte Prinzessin Melly.

„Und die Hände", sagte Prinzessin Elly.

„Und erst die Füße", sagte Prinzessin Sally.

„Prinzessinnenerlass?", fragte Prinzessin Elly.

„Prinzessinnenerlass!", riefen Sally und Melly.

Also riefen sie ihren Edelknaben, der sein silbernes Horn blies, und stiegen die silbernen Treppen hinauf bis zum höchsten Silberbalkon. Als alle Leute versammelt waren, verkündete Prinzessin Elly: „Ab heute gibt es für die Dienerschaft in diesem Land neue Regeln. So wie jetzt kann es nicht weitergehen!"

Die Dienstleute sahen sich besorgt an.
„Und hier sind die neuen Regeln!", rief Prinzessin Sally.

„IHR MÜSST …

... jeden Tag bis neun Uhr SCHLAFEN und ...

... nur so viel arbeiten, wie ihr KÖNNT, und
RUHEN, wenn ihr müde seid, und ...

... ESSEN, wenn ihr Hunger habt,

und eine Stunde am Tag im GARTEN sitzen …

… und jedes Jahr in die FERIEN fahren …

… und alle SPASS MITEINANDER HABEN!"

Bis zum heutigen Tage gibt es kein glücklicheres
Prinzessinnenreich als das Reich am Meer …

Wenn ihr die Prinzessinnen sucht, sucht sie nicht im Garten.
Sucht sie in der Molkerei …, im Obsthain … oder in der Bäckerei, denn …

... Prinzessinnen PACKEN AN!